AF562653

ÉLOGE

HISTORIQUE

DE J.-M. PICHARD,

MEMBRE DE L'ACADÉMIE ROYALE DES SCIENCES,
BELLES-LETTRES ET ARTS DE LYON,

PAR J. B. DUMAS,

SECRÉTAIRE PERPÉTUEL.

LYON,
IMPRIMERIE DE J. M. BARRET.

1837.

ÉLOGE HISTORIQUE

DE

JEAN-MARIE PICHARD,

MEMBRE DE L'ACADÉMIE ROYALE DES SCIENCES, BELLES-LETTRES ET ARTS DE LYON.

PAR J. B. DUMAS,

Secrétaire perpétuel,

LU DANS LA SÉANCE PUBLIQUE DU 23 *MAI* 1837.

De mortuis nil nisi benè.

MESSIEURS,

Plus d'une fois j'ai réclamé auprès de vous l'honneur d'être placé au rang de vos Émérites. Peut-être en ai-je acquis le droit, sinon par de grands travaux académiques, du moins par les soins assidus que trente ans consécutifs m'ont vu donner à votre institution. Toutefois, puisque votre bienveillance constante me suppose encore les moyens de vous être utile, j'emploierai surtout l'activité qui me reste à remplir cette partie de mes fonctions qui m'impose la loi de prononcer, en assemblée publique, les éloges historiques des titulaires décédés : obligation triste sans doute, mais attribution honorable, mission délicate et touchante, qui élève parfois devant mes yeux plus d'une difficulté, en même temps qu'elle ouvre à la pureté de mes intentions, à la générosité des sentimens que vous inspirez, un champ que j'aime à parcourir.

Il n'est aucun de vous, Messieurs, qui ne se fût empressé de louer le confrère que nous avons perdu l'année dernière, et qui ne l'eût fait avec autant de plaisir et plus de succès que moi; mais comme je lui étais attaché tout-à-la-fois par les liens de l'amitié et par d'intimes relations de famille, vous trouverez naturel, je l'espère, que j'use de mon droit et que je remplisse mon devoir. Son éloge ou, du moins, un tribut à sa mémoire est, d'ailleurs, un legs qu'il m'a fait et dont je m'honore. Je serai simple et sans apprêts. La modestie convient à mon sujet; elle convient surtout à moi-même. Vous n'avez, dit-on, qu'à vous présenter avec modestie, pour éprouver tout de suite de la bienveillance; car le public, comme toutes les puissances, est naturellement protecteur.

Jean-Marie Pichard est né à Lyon, le 22 avril 1781. Son père, négociant estimable, ancien militaire, eut pendant le siége de Lyon, en 1793, le périlleux honneur de commander un bataillon. Condamné à mort par ceux qui triomphèrent de la cause que nous défendions, ce fut une des victimes innombrables de ces discordes civiles, de ces agitations politiques, révoltes blâmables ou, du moins, blâmées, quand on succombe, glorieuses révolutions, lorsque le succès couronne l'entreprise. Si la résistance, dont Lyon donna le courageux exemple, avait pu prévenir les horreurs légales dont cette ville fut particulièrement frappée; si elle avait pu amener un gouvernement sage et modéré, personne n'aurait osé se dispenser d'applaudir à ses efforts. Il n'en fut pas ainsi, et nos meilleurs citoyens tombèrent massacrés au nom de la loi. Pichard, privé de son père, resta, avec sa mère et sa sœur, sous la protection de son oncle, M. Mestralet. A cet oncle qui le chérissait, il dut son éducation, sa direction dans la carrière médicale, et l'honnête médiocrité de fortune dont il a joui. A Paris, ses études se partagèrent entre la médecine et la littérature; il en fut de même, à Lyon, pour toute son existence. Mais la pratique de l'art de guérir avait pour lui des difficultés qui tenaient à sa grande sensibilité; la fermeté de son âme, s'il faut le dire, ne répondait pas à l'empressement qu'il éprouvait à secourir les malades, non seulement par ses talents acquis, ses soins actifs et soutenus, mais souvent encore par les dons secrets de sa bienfaisance.

Aussi, qu'il fut heureux lorsqu'il obtint, en 1831, l'emploi de bibliothécaire du Palais des Arts, si conforme à ses goûts, à ses connaissances, à l'urbanité de ses manières!

Depuis long-temps on sentait le besoin d'une bibliothèque publique, dans laquelle les personnes qui s'occupent de la culture des sciences et des lettres pussent faire commodément leurs recherches, et de laquelle il leur fût permis d'extraire, contre leurs récépissés, les ouvrages nécessaires pour leurs travaux, pourvu, toutefois, que ces ouvrages fussent de nature à pouvoir être déplacés sans dommage. Il était, d'ailleurs, bien important que deux bibliothèques, au moins, fussent tous les jours publiques dans une ville de 200,000 âmes.

M. Prunelle, votre confrère, alors maire de Lyon, pensa que cette nouvelle bibliothèque pouvait se former dans le Palais-St.-Pierre, en réunissant les bibliothèques de l'Académie, du Musée, de la Société d'agriculture, de la Société de médecine, de la Société de pharmacie et de la Société Linnéenne, de manière à ce que chacun de ces établissemens ne perdît jamais sa propriété.

cette dernière condition était facile à remplir, au moyen d'une estampille particulière pour chaque propriétaire et d'un inventaire de tous les livres et manuscrits composant la propriété. Toutes les Sociétés accueillirent avec empressement les propositions de M. le Maire, et, par un arrêté de la Mairie, en date du 12 février 1831, approuvé par M. le Préfet du département, le 14 du même mois, l'établissement fut organisé.

Les Sociétés savantes, dont les bibliothécaires particuliers forment par leur réunion un Conseil administratif, ayant été consultées par M. le Maire pour le choix du conservateur général, donnèrent unanimement leurs suffrages à M. Pichard, et il fut nommé par arrêté de la même date. Son zèle, ses soins, ses prévenances, son affabilité, appelèrent bientôt de nombreux lecteurs et surent les enchaîner. Aucune peine, aucune démarche, aucune recherche ne l'arrêtait, lorsqu'il s'agissait d'être utile. L'établissement était créé; il fallait lui donner la vie, Pichard la lui donna.

Ce n'est pas assez, Messieurs, que le conservateur général des dépôts littéraires de St.-Pierre possède les qualités spéciales du bibliographe et les connaissances de l'érudit, il faut encore qu'il ne soit point étranger aux études et aux besoins de l'artiste. Ainsi, M. Jacquand ayant peint le tableau où il représente le courroux de Voltaire poursuivi et atteint dans une auberge par un sbire allemand qui réclame les œuvres de *poeshie* du roi Frédéric, son maître, et ayant demandé à M. Pichard un sujet, pour le pendant de ce tableau, en reçoit aussitôt une heureuse indication prise dans la vie de J. J. Rousseau. Le peintre se met à l'œuvre, et les deux tableaux, qui se gravent en ce moment, montrent que si les gens de l'art doivent seuls juger les parties constitutives de la peinture, les gens de goût peuvent toujours être consultés avec succès pour l'idée, la composition, l'ordonnance et la poésie d'une de ses productions.

Aimé, considéré, utile à ses concitoyens, Pichard était parvenu au comble de ses modestes vœux. Au milieu de toutes les richesses qu'il conservait et qu'il se plaisait tant à communiquer, il aurait pu se livrer à quelque grande composition, s'il en avait eu le loisir. Il se bornait à rassembler d'immenses notes biographiques. Montesquieu a dit : « La fureur de la plupart des Français est d'avoir de l'esprit, et la fureur de ceux qui veulent avoir de l'esprit est de faire des livres. » Pichard a eu le bon esprit de n'en point faire. Ses productions imprimées se bornent à la thèse qui lui valut le titre de docteur en médecine, et qui a pour objet les phénomènes de la puberté dans l'un et dans l'autre sexe (1), au

(1) In-4.°, 52 pages.

Compte-rendu des travaux de la Société de médecine de Lyon pour l'année 1825-1826, à quelques notices biographiques, à quelques opuscules, comme *la Chaise à porteurs*, insérés dans des recueils périodiques, à l'éloge de M. Denis Mortier, chirurgien-en-chef de l'Hôtel-Dieu, et à l'éloge de notre confrère Trélis. Vous avez remarqué dans ce dernier travail, comme dans les autres travaux, le goût, la mesure et la facilité qui distinguaient le talent de Pichard. Ils ont tous été bien appréciés dans son éloge déjà publié par M. le docteur Rougier. Je n'ai donc pas à juger de nombreux ouvrages; mais je puis m'arrêter avec complaisance sur de nombreuses et brillantes qualités.

Spirituel, instruit, très versé dans l'histoire de France, grand partisan de la littérature légère, de la littérature dramatique, des anecdotes théâtrales et de la chronique amoureuse et badine des puissans de la terre, conteur agréable et piquant, doué d'une mémoire féconde, d'une gaîté douce, d'une bonté soutenue et d'une politesse exquise, notre confrère était un des hommes les plus aimables de notre temps. L'esprit, la bonté, la politesse, sont les élémens les plus sûrs des succès heureux et honorables qu'on obtient dans le monde, et Pichard les avait rassemblés.

Il semble qu'en fait d'esprit, chacun ait le nécessaire, il y a peu de grandes fortunes. Celle de Pichard était bien au-dessus de la médiocrité; mais on ne le comptait point parmi ces gens, si fort à craindre, qui ont de l'esprit tout le jour, ni parmi les hommes qui, semblables aux coquettes, courant le plus après lui, sont ceux qu'il favorise le moins. Son esprit sans recherche se montrait à propos, fin, délicat, ingénieux, bien éloigné de l'épigramme et du sarcasme; car la bonté du caractère tempérait la vivacité de l'esprit. Pichard mettait en pratique le précepte de Gresset:

Soyez bon, vous plairez.

Et de cette bonté, jointe à l'esprit, naissait la politesse remarquable dont tout le monde était charmé; cette politesse, qui consiste à dire des choses obligeantes, flatteuses et d'un tour agréable, et qui, suivant la remarque de La Bruyère, est attentive à faire que par nos paroles et par nos manières, les autres soient contens de nous et d'eux-mêmes.

« La politesse est à l'esprit
» Ce que la grâce est au visage,
» De la bonté du cœur elle est la douce image,
» Et c'est la bonté qu'on chérit. »

VOLTAIRE.

Cette politesse de M. Pichard restait même inaltérable au milieu des discussions tranchantes qui partagent et passionnent la société.

Peut-être voudrait-on connaître l'opinion politique de notre confrère ? Car nous vivons dans un temps où chaque particulier se croit obligé d'arborer une opinion politique ; cette mission, bénévole et gratuite pour l'homme sans ambition, nous rend fort chatouilleux sur nos droits, sans nous porter avec plus d'entraînement à nos devoirs de citoyens, espèce de *sinécure* qui est, la plupart du temps, sans objet comme sans profit, et qui n'est pas toujours sans ridicule et sans danger.

Alors je rappellerai que notre tolérant confrère était ce qu'on nommait, il y a sept ans, un *libéral* assez prononcé, mais fort éloigné des opinions extrêmes. J'ai eu l'honneur de vous dire, Messieurs, qu'il avait beaucoup d'esprit, de politesse et de bonté. Les lumières éclairent le péril des révolutions continuelles, dont le résultat le plus certain est d'éteindre la vie politique dans la crainte, l'indifférence et le dégoût. La politesse et la bonté ne trouvent pas leur aliment dans le choc, l'aigreur, l'amertume, la jalousie et l'envie des factions rivales.

Pichard savait que l'esprit de parti est une folie de beaucoup d'hommes au profit de quelques-uns.

Party is the madness of many,
For the gain of a few.

Mais cependant il avait, comme chacun de nous, ses idées politiques, et, d'un caractère si peu hostile de sa nature contre qui que ce fût, il les exprimait avec réserve et modération exemplaire. Il est évident qu'un homme de sens et d'esprit, ayant puisé la plus grande partie de sa substance littéraire dans les beaux règnes d'Henri IV et de Louis XIV, eût été naturellement attaché aux successeurs de ces grands rois, s'ils avaient connu le temps où ils retrouvaient le trône, au milieu de circonstances qui blessaient si profondément la vanité française. Mais, bien que vivant familièrement avec les grands seigneurs et les hommes illustres de tous les rangs dans les trois derniers siècles, Pichard était enfant de la révolution de 1789; il appartenait à cette bourgeoisie qu'elle a mise à la tête de la société et qui défend sa position nouvelle. Les idées libérales peuvent être le patrimoine de tous les partis et les honorer tous. Il en est un qui s'était arrogé le titre exclusif de libéral et qui vient de se diviser en deux branches.

Cette classe est composée du plus grand nombre des Français qui s'occupent de matières politiques, et c'est parmi eux que Pichard était placé; mais il ne se targuait point de ce libéralisme qui se dit avancé : car ce libéralisme avance, à la manière des corps célestes, en tournant sur lui-même; tandis qu'à tort ou à raison on accuse le libéralisme *juste-milieu* de rester immobile et fixe comme le soleil. N'eût été le bon sens de la France, nous avancions vers les doctrines et par conséquent vers les actes de 1793. On nous a célébré Danton, Marat et Robespierre; on secouait, pour s'en revêtir encore, leur toge sanglante; on nous donnait pour de l'énergie nécessaire leur atroce férocité; on a osé vanter ou excuser leurs longs assassinats, en justifiant, comme faisaient les jésuites, par la bonté de la fin, la barbare perversité des moyens (1). Quels progrès, grand Dieu! et quels encourageans prolégomènes du système républicain!

Ce n'est point ainsi que Pichard entendait la liberté; cette liberté qu'il aimait et pour laquelle Klopstock s'écrie :

O Freyheit,
silberton dem Ohre!

Il désirait vivement le bonheur de sa patrie; mais il ne croyait pas qu'il fût possible de l'obtenir par des moyens contraires à la justice, aux droits de la nature et de l'humanité. Ce n'est point dans les orages révolutionnaires qu'il fallait lancer cette âme douce et craintive; elle s'épanouissait dans

(1) Voyez la *Tribune*, le *Réformateur*, le *National*, l'*Histoire de la révolution française*, par M. Thiers, et beaucoup d'autres ouvrages publiés depuis 1830.

les aménités des relations sociales. Pichard était né pour les tendresses du cœur, pour les affections, pour les épanchemens de l'amitié, pour les plaisirs, les devoirs simples et naïfs de la vie privée et les pures jouissances de l'esprit. Quelques chagrins, dont la cause avait blessé ses intérêts et son cœur, ont abrégé son existence.

Il est mort le 29 août 1836, à Oullins, dans une petite propriété, qu'il se plaisait à embellir et dans laquelle il espérait voir écouler sa vieillesse. Des sentimens religieux ont consolé ses derniers instans. Il repose auprès de Thomas qui a dit :

» Qu'importe, quand on dort dans la nuit du tombeau,
» D'avoir porté le sceptre ou traîné le rateau ?

On l'a placé non loin de Jacquard, son parent, si célébré après sa mort, et auquel il a rendu un hommage littéraire dans le lieu même où leurs dépouilles se confondent.

Notre confrère laisse en proie à l'affliction l'épouse de son choix qui, par la sagesse de l'administration domestique et par les soins les plus touchans, a justifié le vif attachement dont elle était l'objet et dont elle a reçu des preuves fortes et constantes. Sa fille et son fils, bien jeunes encore, bien intéressans tous deux, ne sentent peut-être pas toute l'étendue de la perte qu'ils ont faite : ils sont recommandés par l'équité, la raison et la piété, aux honorables soutiens que la nature leur a donnés ; ils sont recommandés par d'heureux souvenirs à tous ceux qui ont connu leur père et qui par conséquent l'ont aimé.

FIN.

BIBLIOTHEQUE ROYALE

www.ingramcontent.com/pod-product-compliance
Lightning Source LLC
LaVergne TN
LVHW010345230826
846091LV00009B/4047

9782019250515